¿Dónde está California?

¿Dónde está California?

Jennifer Marino Walters

ilustraciones de Ted Hammond

traducción de Yanitzia Canetti

Penguin Workshop

Para Keith, Matt, Nate y Lily: ¡gracias por todo su apoyo y por ser mis más grandes admiradores!—JMW

PENGUIN WORKSHOP
Un sello editorial de Penguin Random House LLC
1745 Broadway, New York, NY 10019
penguinrandomhouse.com

Edición en inglés diseñada y producida por Dinardo Design, LLC.

Información de la Catalogación en la Publicación (CIP) de la Biblioteca del Congreso está disponible.

Publicado por primera vez en los Estados Unidos de América en inglés como *Where Is California?* por Penguin Workshop, 2025
Edición en español publicada en 2026

Manufacturado en los Estados Unidos de América
CJKW

ISBN 9798217142170
10 9 8 7 6 5 4 3 2 1

El representante autorizado en la UE para la seguridad y cumplimiento de este producto es Penguin Random House Ireland, Morrison Chambers, 32 Nassau Street, Dublin D02 YH68, Irlanda, https://eu-contact.penguin.ie.

Contenido

¿Dónde está California?

California es una tierra de extremos. Allí se encuentra el punto más bajo de Estados Unidos, el punto más alto del territorio continental y el lugar más caluroso del planeta. Además, tiene la mayor población, la economía más grande y la mayor diversidad biológica de todos los estados. En California también se hallan algunos de los árboles más altos del mundo, las cascadas más altas, los valles más profundos y volcanes activos.

Un día típico en California puede estar lleno de extremos. ¿Te imaginas esquiar en una montaña nevada y, ese mismo día, relajarte en una playa soleada? ¡En California, puedes hacerlo!

CAPÍTULO 1
La tierra y el medio ambiente de California

California es un estado enorme: el tercero más grande de Estados Unidos, después de Alaska y Texas. Con 163 695 millas cuadradas, es más grande que muchos países, incluidos Japón e Italia. Y dentro del estado hay una gran variedad de terrenos, climas y ecosistemas.

California está ubicada en la costa oeste de Estados Unidos. Limita al oeste con el océano Pacífico, al este con Nevada y Arizona, al norte con Oregón y al sur con México

Hay cuatro regiones naturales en California. La primera, la región costera, incluye cientos de millas de costa a lo largo del océano Pacífico. El sur de California es conocido por sus amplias playas de arena. En el centro, la costa está formada por acantilados rocosos que caen directamente en el océano. La temperatura en la región costera del sur es cálida, con veranos secos e inviernos a veces lluviosos. Al avanzar hacia el norte por la costa, las temperaturas se vuelven más frescas, especialmente en invierno. En San Francisco, por ejemplo, la temperatura puede bajar de los cincuenta grados Fahrenheit.

La segunda región natural de California es el valle Central, el centro de la producción agrícola del estado. En esa región se encuentra la tierra más fértil. Más de un tercio de las verduras y casi el 75 por ciento de las frutas y nueces de Estados Unidos se cultivan en California. ¡Eso representa más de cuatrocientos cultivos en total! Algunas de las cosechas más importantes son las uvas, las almendras, la lechuga y las fresas.

El valle Central es muy caluroso y seco en verano, y neblinoso en invierno. Los dos ríos más largos del estado, el río San Joaquín y el río

Sacramento, atraviesan el valle Central.

La tercera región de California está compuesta por sus cadenas montañosas. Las cordilleras costeras, que incluyen las Montañas Klamath en el extremo noroeste, separan la región costera del valle Central. Las cordilleras del interior incluyen las Cascadas en el centro-norte y noreste de California, y la Sierra Nevada en la parte centro-oriental del estado. Las zonas montañosas tienen

veranos cortos e inviernos fríos.

Finalmente, está la cuarta región: la región desértica, que ocupa la mayor parte del este de California. El desierto de Mojave, ubicado en el sureste, alberga el valle de la Muerte, el lugar más caluroso del planeta y el más seco de América del Norte. El valle de la Muerte también alberga el punto más bajo de Estados Unidos, la cuenca Badwater, que está a 282 pies por debajo del nivel

del mar. (Curiosamente, en California también está el punto más alto del territorio continental, el Monte Whitney, en la Sierra Nevada, con unos 14 500 pies sobre el nivel del mar).

Otros dos desiertos importantes de California, ambos ubicados en el sureste, son el desierto de Colorado y el desierto de la Gran Cuenca. Como todos los desiertos, estos son muy secos.

Con una geografía tan diversa, no es de extrañar que California sea el hogar de una asombrosa variedad de plantas y animales. Es el estado con mayor diversidad biológica de todo Estados Unidos, con unas cuarenta mil especies de plantas y animales.

Alrededor de un tercio del territorio de California está cubierto de bosques de coníferas (árboles que producen conos), como los pinos, los cedros y las famosas secuoyas gigantes y rojas. También hay palmeras a lo largo de la costa y en otras áreas, aunque en su mayoría han sido traídas de fuera del estado.

Algunos de los animales terrestres más abundantes de California son los osos pardos, gatos monteses, pumas, ciervos, coyotes, osos negros, zorrillos y mapaches. El océano Pacífico frente a su costa alberga una gran variedad de vida marina, incluyendo atunes, lubinas, peces de roca, tiburones y rayas. También viven allí mamíferos marinos, como delfines, focas, nutrias marinas, ballenas y leones marinos. Millones de personas van a la ensenada La Jolla, en San Diego, y al Muelle 39 de San Francisco para ver a los leones marinos tomando el sol. Los cruceros para avistar ballenas también son muy populares.

Desafortunadamente, muchas especies en California están en peligro de extinción. Entre ellas está el cóndor de California, el ave terrestre más grande de América del Norte. Otros, como el oso grizzly de California, ya están extintos. California es el único estado de Estados Unidos

que tiene la imagen de un animal extinto —el oso grizzly de California— en su bandera y sello estatal.

Además de sus diversas formaciones terrestres, California alberga miles de lagos. El lago Tahoe, situado en la frontera entre California y Nevada,

en la Sierra Nevada es el segundo lago más profundo de Estados Unidos. El mar de Salton, en el sur de California (un lago de agua salada), es el más grande del estado. Clear Lake, al norte de San Francisco, es su lago de agua dulce más grande.

Parques nacionales de California

Los parques nacionales son áreas de terreno reservadas para proteger los recursos naturales e históricos. Hay sesenta y tres parques nacionales en Estados Unidos, y California tiene nueve de ellos, más que cualquier otro estado. Contienen tesoros geológicos asombrosos. Estos son algunos:

El Parque Nacional del Valle de la Muerte es el más grande de Estados Unidos fuera de Alaska, y tiene 3,4 millones de acres. Allí hay enormes dunas de arena, profundos cañones y grandes salares (áreas cubiertas de sal y otros minerales).

El Parque Nacional Yosemite está en la Sierra Nevada. Tiene espectaculares cascadas, como la Yosemite Falls, que cae desde unos 2425 pies. También alberga el Half Dome, una enorme formación de granito que se eleva a más de 8800 pies de altura. En la Sierra Nevada también está el

Parque Nacional Secuoya. Sus gigantes secuoyas están entre los seres vivos más grandes de la Tierra.

El Parque Nacional Redwood, ubicado en la costa norte de California, es famoso por sus altísimos árboles de secuoya roja. Sus frondosos bosques contienen el 45 por ciento de las secuoyas rojas antiguas del mundo. Eso incluye al árbol de secuoya roja más alto que existe, Hyperion, que mide unos 380 pies de altura. ¡Es más alto que la Estatua de la Libertad!

California se encuentra en el Cinturón de Fuego, un arco en forma de herradura que rodea el océano Pacífico y que alberga tres cuartas partes de los volcanes activos del mundo. Varios de ellos están en California. Estos incluyen el Monte Shasta, de 14 163 pies, y el Pico Lassen, de 10 456 pies, ambos son parte de la cordillera de las Cascadas en el norte del estado. Alrededor del 90 por ciento de los terremotos del mundo ocurren en el Cinturón de Fuego.

California también es propensa a los incendios forestales, en gran parte debido al clima cálido y seco en casi todo el estado. Los vientos de Santa Ana (vientos fuertes y extremadamente secos que se originan en el este de la Sierra Nevada y soplan hacia el oeste, en dirección al Pacífico) pueden provocar incendios forestales y ayudarlos a propagarse más rápido, destruyendo árboles y matorrales. Luego, la lluvia o el deshielo pueden hacer que el agua baje por las montañas y provoque deslizamientos de tierra e inundaciones repentinas.

En California, existe el riesgo de terremotos, incendios forestales y otros fenómenos meteorológicos extremos. Aun así, las personas han elegido vivir allí durante miles de años. Sus primeros pobladores llegaron desde Asia en busca de un clima más cálido. Con el tiempo, cientos de naciones indígenas, incluyendo a los mojave y los washoe, habitaron lo que hoy es California. Hoy en día, muchas personas y naciones indígenas aún tienen sus hogares allí.

Pero California no se convirtió oficialmente en un estado de Estados Unidos hasta el 9 de septiembre de 1850, cuando pasó a ser el estado número treinta y uno del país. A lo largo de los siglos, ha crecido hasta convertirse en el estado más poblado, con más de 39 millones de habitantes en 2024.

CAPÍTULO 2
Orígenes del estado

La mayoría de los historiadores están de acuerdo en que California obtuvo su nombre de una novela española del siglo XVI sobre una isla paradisíaca ficticia llamada California. De hecho, los españoles fueron los primeros europeos en llegar allí.

A principios del siglo XVI, México estaba controlado por España. En 1542, un explorador español llamado Juan Rodríguez Cabrillo zarpó desde la costa oeste de México hacia la bahía de San Diego y la reclamó para España.

El explorador inglés sir Francis Drake cruzó el océano Atlántico desde Inglaterra, rodeó el extremo sur de América del Sur y llegó al norte de California en 1579. Llamó a esa tierra Nueva

Albión y la reclamó para Inglaterra.

Otro explorador español, Sebastián Vizcaíno, viajó por la costa de California en 1602. Les dio a muchos lugares sus nombres actuales, incluyendo San Diego en el sur, Santa Bárbara en el centro de California y Monterrey en el norte.

Pero California fue bastante descuidada por los españoles hasta 1769. Temiendo que potencias europeas como Rusia e Inglaterra se apoderaran del territorio, España envió una expedición militar dirigida por Gaspar de Portolá para construir fuertes militares (llamados presidios) a lo largo de la costa. Al grupo también se le ordenó construir misiones religiosas para convertir a los miembros de las naciones indígenas al cristianismo y enseñarles a hablar español, así como a cultivar la tierra y criar ganado.

Portolá construyó el primer presidio en San Diego, y un sacerdote católico romano llamado fray Junípero Serra comenzó la primera misión allí (llamada misión San Diego de Alcalá). Esta fue oficialmente la primera colonia española en California. Ya en 1823, existían veintiuna misiones y cuatro presidios a lo largo de la costa de California. Los europeos estaban afianzando su “propiedad” de la tierra.

Muchos pueblos indígenas fueron esclavizados y obligados a vivir en estas misiones. La vida en las misiones fue brutal para ellos. Trabajaban largas y duras jornadas en tareas como la agricultura, la construcción y la cocina, por poca o ninguna remuneración. Recibían muy poca educación. Si rompían las reglas, sufrían castigos severos.

Las naciones indígenas no querían perder sus lenguas, religiones y culturas. Algunos intentaron escapar. Otros trataron de rebelarse. Muchos fueron golpeados o asesinados. Y miles murieron a causa de enfermedades que trajeron los españoles, como la viruela, la varicela y el sarampión.

Esto fue devastador para las naciones indígenas. Antes de la llegada de los españoles a California, vivían allí cerca de trescientas mil personas. Ya en 1840, solo quedaba aproximadamente la mitad de esa población.

En 1821, México obtuvo su independencia de España después de luchar en la Revolución mexicana. California era entonces parte de México. En 1833, el Gobierno mexicano comenzó a cerrar las misiones de California y a dividir las tierras a su alrededor (llamadas ranchos) entre los colonos españoles. Algunos indígenas comenzaron a trabajar para los nuevos terratenientes. Otros intentaron regresar a sus tierras natales, pero muchos fueron obligados a reubicarse por los colonos blancos.

El Gobierno de Estados Unidos también quería el control de California. Desde la década de 1820 hasta la de 1840, México y Estados Unidos se enfrentaron por el territorio de California.

CALIFORNIA REPUBLIC.

México se negaba a venderlo.

En 1841, llegaron a California los primeros colonos blancos organizados. Viajaron desde Misuri en busca de tierras fértiles y un clima cálido. Al igual que lo habían hecho los españoles, los estadounidenses obligaron a más naciones indígenas a abandonar sus tierras.

En junio de 1846, un grupo de estadounidenses se rebeló contra el dominio mexicano en California. Izaron una bandera con un oso en un asentamiento mexicano en Sonoma, ubicado en el norte de California, y la declararon república independiente. La bandera del oso se convirtió en la bandera oficial del estado en 1911.

Pero esta república independiente de California duró menos de un mes. En 1846, Estados Unidos y México entraron en guerra. Estados Unidos ganó la guerra mexicano-estadounidense dos años después, tomando el control de California y varios otros estados del oeste.

Fue entonces cuando comenzó a crecer la población de colonos provenientes del resto de Estados Unidos en California. El 24 de enero de 1848, un hombre llamado James Marshall estaba construyendo un aserradero (un lugar donde se cortan troncos para hacer tablones) en las estribaciones de la Sierra Nevada cuando

descubrió algo brillante: oro. Los rumores sobre su hallazgo comenzaron a difundirse.

El 5 de diciembre de 1848, el presidente James K. Polk confirmó que los rumores eran ciertos. Como muchos estadounidenses, él creía en el destino manifiesto: la idea de que los ciudadanos de Estados Unidos tenían el derecho y el deber de expandirse por todo el país, desde la costa este hasta la costa oeste.

En 1849, miles de personas viajaron a California con la esperanza de hacerse ricas. Estas personas fueron llamadas forty-niners (cuarenta y nueves) por el año en que emprendieron su viaje. Su travesía hacia el oeste se conoció como la Fiebre del Oro.

La mayoría de los forty-niners se establecieron en el norte de California, donde originalmente se había encontrado oro. Formaron campamentos mineros y trabajaron duro en condiciones extremadamente difíciles. Aunque algunos encontraron oro y se hicieron ricos, la mayoría no encontró nada. La Fiebre del Oro desencadenó un período de enorme crecimiento para California. Para 1850, su población había crecido de unas 15 000 personas a casi 100 000. Para 1860, había aumentado a aproximadamente 380 000. Muchas granjas y ranchos surgieron en todo el estado.

La Fiebre del Oro impactó a todo el país, no solo a California. Trabajadores chinos que habían llegado a California en busca de oro ayudaron a construir el ferrocarril transcontinental. También llegaron obreros irlandeses para trabajar en el mismo proyecto. El ferrocarril transcontinental, completado en 1869, se extendía desde el noreste de Estados Unidos hasta California, lo que permitió que las personas viajaran de costa a costa en solo una semana.

Sin embargo, la Fiebre del Oro no benefició a los miembros de las naciones indígenas. Cuando comenzó la Fiebre del Oro, había alrededor de 150 000 indígenas en California. Pero para 1860, solo quedaban 30 000. Para muchos no hubo otra opción más que intentar adaptarse a la cultura de los colonos para poder sobrevivir.

CAPÍTULO 3
Crecimiento y desarrollo

Incluso después de que terminó la Fiebre del Oro, California continuó creciendo. Este crecimiento se debió, en parte, a la finalización del ferrocarril transcontinental.

En 1883, Harvey Henderson Wilcox y su esposa, Daeida (también conocida como Ida), viajaron a Los Ángeles huyendo de los fríos inviernos de Kansas. Ya establecidos, Harvey e Ida compraron una gran extensión de terreno al oeste de Los Ángeles. La dividieron en parcelas más pequeñas y las vendieron a personas adineradas del Medio Oeste que querían construir segundas residencias en un clima más cálido. Ida llamó a la comunidad Hollywood, y pronto todos comenzaron a referirse a ella con ese nombre.

Ya en 1900, Los Ángeles era una ciudad enorme y bulliciosa con más de cien mil residentes. Hollywood también creció sin parar, y en 1910 se convirtió en parte de Los Ángeles.

Muchos cineastas se sintieron atraídos por Los Ángeles y sus alrededores. El clima era ideal para filmar al aire libre durante todo el año, y el paisaje era variado, con playas, montañas, desiertos y cañones. A principios de la década de 1920, Hollywood ya era la capital mundial del cine y allí abrieron muchos estudios cinematográficos.

Inmigrantes irlandeses, franceses e italianos habían comenzado a llegar en masa a San Francisco durante la Fiebre del Oro y se establecían allí. Miles de personas mexicanas y filipinas también llegaron a California para trabajar en granjas, donde pasaban largas y calurosas horas bajo el sol por un salario muy bajo. La población del estado ya había superado el millón.

Otro acontecimiento a principios del siglo XX impulsó aún más el crecimiento poblacional en California: el aumento de la popularidad del automóvil. Como los automóviles se volvieron más comunes en Estados Unidos, en 1913, se trazó la primera autopista transcontinental, llamada la autopista Lincoln. Esta hizo posible que muchas más personas se trasladaran hacia California. Aún más llegaron tras la construcción de la Ruta 66, una autopista que iba desde Chicago, Illinois, a Los Ángeles.

Luego llegó la Gran Depresión. Con una

duración de unos diez años, la Gran Depresión fue una crisis económica que dejó a muchas personas en Estados Unidos sin trabajo y sin dinero. Muchas familias quedaron sin hogar.

A mediados de la Gran Depresión, una sequía (mucho tiempo con poca o ninguna lluvia) azotó las Grandes Llanuras, una zona en el centro de Estados Unidos con muchas granjas. Durante la sequía, los fuertes vientos y el suelo seco crearon tormentas de polvo que arruinaron las tierras de cultivo y las cosechas. La zona llegó a conocerse como el Dust Bowl (cuenco de polvo). Miles de agricultores de la región se dirigieron a California, con la esperanza de encontrar una vida mejor. Pero lo que encontraron fue bajos salarios y malas condiciones.

Ya en los años treinta, muchos trabajadores agrícolas migrantes en California comenzaron a organizar huelgas y boicots para luchar por mejores salarios y condiciones de trabajo. En

César Chávez les habla a los trabajadores agrícolas.

1962, César Chávez, un extrabajador agrícola mexicoestadounidense, fundó junto con Dolores Huerta y otros organizadores, un sindicato llamado National Farm Workers Association (asociación de trabajadores agrícolas). Este sindicato organizó protestas y huelgas pacíficas para llamar la atención sobre los problemas que enfrentaban los trabajadores migrantes. El 31 de marzo, cumpleaños de César Chávez, se celebra cada año como un día festivo estatal en California.

Durante la Segunda Guerra Mundial (1939-1945), California se convirtió en un centro de producción para la defensa, fabricando aviones, barcos y armas. También se crearon muchas bases militares en todo el estado, incluidas bases navales en San Diego. Después de la guerra, muchos trabajadores de estas industrias se quedaron en California, lo que impulsó el crecimiento de ciudades como Los Ángeles, San Francisco y San Diego. Al mudarse las familias a los suburbios alrededor de estas ciudades, aparecieron los centros comerciales, cines y supermercados.

Este crecimiento constante de la población provocó muchos de los cambios que dieron forma a la California actual. Se construyeron autopistas de varios carriles para acomodar el

tráfico de automóviles. Se construyeron puentes, incluido el icónico puente Golden Gate en San Francisco en 1937. Pintado de un naranja rojizo (no dorado) el puente recibe su nombre del estrecho Golden Gate, que atraviesa. Con casi una milla de longitud, el puente es un símbolo de California y uno de los monumentos más emblemáticos de Estados Unidos.

En los años setenta, la industria tecnológica de California se disparó. Steve Wozniak y Steve Jobs crearon las primeras computadoras Apple en un garaje en Los Altos, cerca de San Francisco, en 1976. Hoy en día, California es líder mundial en la producción de computadoras, videojuegos y otros productos electrónicos. La industria tecnológica se concentra en Silicon Valley, cerca de la bahía de San Francisco, entre Palo Alto y San José. Importantes empresas, como Apple, Google, Hewlett Packard e Intel, están allí.

Hoy, más del 75 por ciento de los residentes de California vive en o cerca de sus tres ciudades más grandes: Los Ángeles, San Francisco y San Diego. Pero ninguna de ellas es la capital del estado. Ese honor lo tiene Sacramento, una ciudad con más de 525 000 habitantes en el norte de California.

Sacramento se convirtió oficialmente en la capital del estado en 1854. Antes de ese año, la capital había sido San José (1849-1851), Vallejo (1852-1853), brevemente Sacramento (1852) y Benicia (1853-1854). Varios edificios sirvieron como capitolio estatal (donde el Gobierno realiza sus funciones) antes de que se trasladara al edificio actual en Sacramento en 1869.

Al igual que el Gobierno federal de Estados

Unidos, California tiene tres poderes de gobierno. El poder ejecutivo está encabezado por el gobernador. California ha tenido a dos exactores de Hollywood como gobernadores: Ronald Reagan sirvió de 1967 a 1975, antes de convertirse en presidente de Estados Unidos en 1981, y Arnold Schwarzenegger sirvió desde 2003 hasta 2011.

El poder legislativo está compuesto por la Asamblea, con ochenta miembros, y el Senado estatal, con cuarenta. La legislatura se reúne en el edificio del capitolio, que también alberga la oficina del gobernador. El tercer poder es la Corte Suprema de California, formada por siete jueces.

La primera constitución de California fue redactada en 1849. Una nueva fue adoptada en 1879 y desde entonces ha sido enmendada (modificada) más de quinientas veces. Un cambio hecho en 1911 permite a los ciudadanos destituir a los funcionarios con los que no están satisfechos. Este mecanismo se utilizó para remover al gobernador Gray Davis en 2003.

Debido a su gran población, California también está bien representada en la Cámara de Representantes de Estados Unidos. Tiene cincuenta y dos representantes, más que cualquier otro estado.

Terremotos en California

Cada año, California experimenta miles de terremotos; ¡solo en el sur ocurren unos diez mil! Por suerte, la mayoría son leves y no se sienten.

La corteza terrestre (la capa exterior de la Tierra) está formada por muchas placas tectónicas (grandes losas de roca que están en movimiento). Un terremoto se produce cuando dos placas tectónicas se rozan o chocan entre sí.

En California ocurren muchos terremotos. Está ubicada en los límites de dos placas tectónicas: la placa del Pacífico y la placa de América del Norte. Estas dos placas se encuentran en la falla de San Andrés, que se extiende hacia el sur a lo largo de la costa del norte de California y se desplaza hacia el interior del estado. Hay miles de fallas reconocidas en California, pero muy pocas son peligrosas.

Aunque la mayoría de los terremotos en California son de baja magnitud, ha habido algunos muy fuertes. Uno de los más grandes fue el terremoto de San Francisco de 1906, que dejó sin hogar al menos a la mitad de la población de la ciudad y se estima que causó entre ochocientas y tres mil muertes. También fue significativo el terremoto de San Francisco de 1989, que provocó la muerte de sesenta y tres personas y dejó a más de tres mil heridas.

CAPÍTULO 4
California hoy

La población de California hoy en día es muy diversa. Alrededor del 40 por ciento de los californianos son latinos, el 35 por ciento son blancos, el 15 por ciento son asiático-americanos o isleños del Pacífico, el 5 por ciento son negros, el 4 por ciento son multirraciales y menos del 1 por ciento son nativos americanos o nativos de Alaska. (Aunque son pocos, California es el estado con mayor número de nativos americanos).

En California se hablan más de doscientos idiomas. El inglés es el más común, seguido por el español y el chino (mandarín y cantonés).

Para dar servicio a su gran población, California ha desarrollado un extenso sistema de transporte. A pesar de sus amplias autopistas, ciudades importantes como Los Ángeles aún tienen mucho tráfico. Pero también hay un sistema de metro en Los Ángeles, sistemas de tranvía en San Diego y San Francisco, y un sistema de trenes que conecta comunidades en el área de la bahía de San Francisco.

California tiene más de treinta universidades públicas. Diez de ellas forman parte del sistema de la Universidad de California, incluyendo la Universidad de California en Los Ángeles (UCLA) y la Universidad de California en Berkeley (UC Berkeley). También cuenta con más de cien universidades privadas. Entre ellas se encuentran instituciones de primer nivel como la Universidad de Stanford en Palo Alto y la Universidad del Sur de California en Los Ángeles.

California tiene la economía más grande de todo Estados Unidos, ¡más grande que la de muchos países! La economía de una ciudad, estado o país es el sistema a través del cual se

producen, compran y venden bienes y servicios.

La próspera economía de California se ha desarrollado a lo largo de muchos años. La industria aeroespacial, de defensa, automotriz y tecnológica continúan desempeñando un papel clave en la economía del estado. Además, Hollywood sigue siendo el centro de la industria

cinematográfica y televisiva de Estados Unidos, bajo la mirada del icónico letrero de Hollywood, ubicado en las colinas cercanas.

Uno de los mayores motores de la economía del estado es el turismo. Cientos de millones de turistas acuden a California cada año. Hacen caminatas en los pintorescos parques nacionales, visitan ciudades icónicas como Los Ángeles y San Francisco, y acuden a parques temáticos populares como Disneylandia en Anaheim y Universal Studios Hollywood.

Los puertos de Los Ángeles y Long Beach están entre los más activos del país en comercio internacional.

California también es un centro clave de la industria musical, y muchas de las principales discográficas tienen su sede allí. El primer gran sello discográfico que se estableció en California fue Capitol Records en 1942, que ahora tiene su sede en la famosa Capitol Records Tower en Hollywood. California ha influido en muchos estilos musicales, desde el rock and roll hasta el rhythm and blues. Su primer sonido característico, el surf rock, fue popularizado en los sesenta por la banda The Beach Boys. Muchos otros músicos populares son originarios de California, como Katy Perry, Snoop Dogg, Dr. Dre, Billie Eilish y

"Weird Al" Yankovic.

Así que, si pasas una semana en Hollywood, es probable que veas a alguna celebridad. Y si no, al menos podrás ver las estrellas de tus famosos favoritos en el Paseo de la Fama de Hollywood.

California también tiene mucha actividad

artística. El estado alberga varios museos de arte importantes, como el Getty Museum, Los Angeles County Museum of Art (LACMA) y el Museum of Contemporary Art, así como el San Francisco Museum of Modern Art.

Los deportes son parte importante de la vida

en California. Los californianos practican todas las disciplinas deportivas que puedas imaginar, desde esquí en la nieve hasta esquí acuático, surf, skateboarding y más. California tiene más de veinte equipos deportivos profesionales de primer nivel, más que cualquier otro estado. Además, en California se celebra el Rose Bowl, el tazón de fútbol americano universitario más antiguo del país.

California también es el único estado de Estados Unidos que ha sido sede de los dos Juegos Olímpicos: los de verano y los de invierno. Los Juegos Olímpicos de verano se llevaron a cabo en Los Ángeles en 1932 y en 1984, mientras que los Juegos Olímpicos de invierno se celebraron en Palisades Tahoe, California, en 1960. Además, Los Ángeles ha sido seleccionada como la futura sede de los Juegos Olímpicos de verano de 2028.

¿Todo esto te da ganas de visitar California? Si vas, estarás visitando el lugar de nacimiento de estrellas como el jugador de fútbol americano Tom Brady, las astronautas Sally Ride y Ellen Ochoa, el golfista Tiger Woods y muchos otros.

California de un vistazo

Admisión como estado: 1850

Apodo: El Estado Dorado

Abreviatura: CA

Lema del estado: *Eureka* ('lo he encontrado' en griego)

Árbol del estado: Secuoya roja de California

Animal del estado: Oso grizzly de California

Capital: Sacramento

Tamaño: 163 695 millas cuadradas

Población: Más de 39 millones

Personas famosas de California:

John Steinbeck (escritor), Serena y Venus Williams (tenistas), Olivia Rodrigo (cantante y actriz), Tom Hanks (actor)

Bandera del estado

Ave del estado

Codorniz de California

Flor del estado

Amapola de California

DATO CURIOSO:

Moaning Caverns, en Vallecito, California, es conocida por sus impresionantes formaciones de piedra caliza y un eco inquietante que le da su nombre a la cueva. La caverna cuenta con una enorme cámara subterránea. ¡Es tan grande que la Estatua de la Libertad cabría dentro!

Cronología de California

1542	Llega Juan Rodríguez Cabrillo y la reclama para España
1769	El padre Junípero Serra funda la primera misión
1821	México gana su independencia de España en la Revolución mexicana
1834	México comienza a cerrar las misiones
1841	Llega el primer grupo de colonos estadounidenses
1848	Estados Unidos gana la guerra mexicano-estadounidense y toma el control de California
1850	California se convierte en el estado número treinta y uno de Estados Unidos
1854	Sacramento se convierte en la capital estatal de California
1906	Un gran terremoto golpea cerca de San Francisco, matando a unas tres mil personas
1910	Hollywood pasa a formar parte de la ciudad de Los Ángeles
1937	Se completa el puente Golden Gate
1955	Abre Disneylandia en Anaheim, California
1962	César Chávez funda la Asociación de Trabajadores Agrícolas
1976	Steve Jobs y Steve Wozniak fundan Apple Computers
2024	En julio, el valle de la Muerte sufre el mes más caluroso jamás registrado, con una temperatura promedio de 108.5 grados Fahrenheit durante las veinticuatro horas del día

Cronología del mundo

1558 — Isabel I se convierte en reina de Inglaterra

1770 — Nace Ludwig van Beethoven en Bonn, Alemania

1793 — Eli Whitney inventa la desmotadora de algodón

1821 — Panamá, Guatemala y Santo Domingo obtienen la independencia de España

1833 — Se abole la esclavitud en el Imperio británico

1851 — Comienza una fiebre del oro en Australia

1865 — Se abole la esclavitud en Estados Unidos

1869 — Se completa el ferrocarril transcontinental

1903 — Se lleva a cabo la primera Serie Mundial moderna de Major League Baseball (los Boston Red Sox vencen a los Pittsburgh Pirates)

1914 — Comienza la Primera Guerra Mundial

1939 — Comienza la Segunda Guerra Mundial

1969 — Neil Armstrong se convierte en el primer humano en caminar sobre la Luna

1976 — Un terremoto sacude Tangshan, China, y mata al menos a 242 000 personas

1983 — Sally Ride se convierte en la primera mujer estadounidense en el espacio

2024 — Un terremoto golpea la costa occidental de Japón el primero de enero, causando al menos 168 muertes

Bibliografía

***Libros para jóvenes lectores**

*Alexander, Heather. ***Only in California: Weird and Wonderful Facts About the Golden State***. London, UK: Wide Eyed Editions, 2022.

*Anastasio, Dina. ***Where Is Hollywood?*** New York: Penguin Workshop, 2019.

*Holub, Joan. ***What Was the Gold Rush?*** New York: Penguin Workshop, 2013.

*Hoobler, Dorothy. ***What Was the San Francisco Earthquake?*** New York: Penguin Workshop, 2016.

*Orr, Tamra B. ***California***. America the Beautiful. Third Series. New York: Scholastic Inc., 2014.

Sitios web

California Agricultural Production Statistics: www.cdfa.ca.gov/Statistics/

California Capitol Museum: capitolmuseum.ca.gov/

National Park Service Weather: www.nps.gov/deva/learn/nature/weather-and-climate.htm

United States Census Bureau: www.census.gov/quickfacts/californiacitycitycalifornia

USDA Climate Hubs: www.climatehubs.usda.gov/hubs/california/topic/specialty-crops-california